BAJO PRESIÓN Y LUZ

Ignacio Bellido Vicente.

LuLu Press.NC.USA.2018

Portada del autor.
ISBN:978-0-359-06830-2

La mirada siempre en ayuda, a veces tormento.

Lois Wellington

Todo puede comenzar en ritos y palabras incomprensibles,al llegar al otro lado. Tenemos cabaña para pasar la noche, y los animales callan en su establo.
Es Luna llena y buen presagio.
Hemos de seguir.

I

Te sigo llamando desde mi cuerpo muerto
y calculo los tiempos de saber y de duda.
Estabas junto a mi
arbusto redimido de la muerte
que alaba de los bosques
su abrazo y fiel mirada.

He callado en saber
temeroso en mi ensueño
si mi cuerpo es presencia
o principio en los duelos.
Te acercas con temor
cerrando cicatrices
que dejaste en la furia
cuando nunca pudiste
doblar las energias

ni llevarme a tu altar.

Vives como promesa
que venera los ritos
y pretendes seguir en la palabra
como miembro obligado.

Hasta aquí mi palabra
y mi intención temprana
que debes alabar con mirar de tus labios
y tu danza de abeja
que vive eternidad.

II

A tu lado,
en el punto profundo
clamo la llegada amiga
que ha dejado hacienda y animales
para mi entrega.

Todo se amplía,

y el Sol no participa

Tan solo la Luna

quiebra densidades

para rendir orgasmos venerados.

Los púlpitos,

en ira de mediadores

claman hacia el Norte.

Pero queremos Sur.

Ellos no lo saben

en su orgullo ignorante

claman de orgullos-sarpullidos

de un templo.

Ignoran-

que no somos humanos

pero mantenemos silencio

para que nuestros átomos

puedan ordenarse en el deseo de Pauli

para continuar en mensajes de ADN

donde clama la herencia

del eterno,

y no hay escala para ellos.

Somos átomos

que giran permanencia

en burla de vuestro deseo.

III

Esperé tiempo,

cuajado en tiempo.

Horas repartidas

en la rampa de espera.

Alegrías fingidas ante el fuego

en la danza

de dias y días

sin ritos de dolor muscular

Un tono confiado

en espera de misterios Lunares

de su cara hipócrita.

A pesar de la fiesta

estamos en peligro

las flores han cerrado su ayuda

junto a hierbas apócrifas

No hay luz

ni puede haberla

El Cosmos no pronuncia

y si acaso proteje de los rayos

al infante que nace de alegrías

y va hacia el sacrifício para frenar las iras.

El chaman con su daga

grita para amedrentarnos.

Pero....

Nada es real

Vivimos en ensueño

de fingido dolor

en eterno armisticio.

IV

La leyenda llega

con sus nombres oscuros.

Los dioses claman lealtad

y piden himnos que rediman.

Las vestales cierran

el dosel de los templos

mostrando sus intimos pétalos.

El Caminante redentor

no quiere tentaciones

el hoyo del pecado

acude en infinito

y nunca hay un remedio.

Brillan todos los astros

en ceremonia y contento

en reclamo a los iniciados

fórmulas de sacrificio

para redimir los senderos confusos.

Es un momento para retener

y tu cuerpo da pasos de entrega

para seguir siendo solidario.

V.-

Todos mis conocimientos,

pasan por un Tantra cruel

en la espera de la eyaculación

y en mi birth control.

Es duro manifestar

es dura la espera

son duros los reproches.

Pero asi es de alguna forma

el pecado hinduista

y su redención en el Ganges

y las meditaciones por Benarés.

Es un proyecyo Cósmico

y entregado a una grandeza

solo compaarable

a los anillos de Saturno

que se acercan a la tierra

en letanía

de enloquecida elipse.

VI.-

Esperan tu ruego

palabras de nacar vestidas de azul

donde ofreces

vidrios de colores

o luz eterna de tonos.

Dejáste tu alma reposar

ante los vitrales rendidos

de oración

y burla.

Pausas también difuminadas leyendas

y los amigos acuden

pensando en tu momento

de un siempre

para reforzar sus fe debilitada.

Has de cuidar los tejados

de tus leyendas

sin darte cuenta

te estas convirtiendo en mediador.

¿Dónde medias?

¿Has pesado tu poderes

en la báscula de control?

¿Has consultado a la madre?

Has de responde una a una estas preguntas

ser certeras de tono

y en su caso

seguir en tus llagas

como algo necessaro

sin pausa

sin odios

amor para todos en el abrazo proclamado

sin necesidad de lu

Solo tu amigo el pintor

confirmara la certeza

y podrás mantener sus óleos en la bóveda

de los sentimientos.

.

VIII.-

Puedo cortar una pierna gratis

pero no es altanero

que un poeta lo haga.

Debe ser cirujano

haber cortado cuerpos en miles de leyendas

haber sentido el dolor

en su cuerpo de entrega.

Haber llorado ante tus llagas

en tiempos de bondad.

Si se decide

debe ligar arterias del amor

y huesos permanencia.

Un peroné siempre guarda misterios

y la tibia cadencias.

Todo el cuerpo es melodía

y a tu lado

en manos de enfermera

consultas pentagrama...

No puede ser mi burla realidad

mi poesía me ha obligado a decir

y debe ser la musa en su desidia

la que asi me ha pedido

Como mi disciplina

es de cumplir

dejo en estos tonos mi deseo

y mis ritos de entrega.

VIII.-

Pausa en destino

y moraleja de eternos.

Mis alegrias fluyen

a traves de mi cuerpo

llenando la estancia

de esencia inesperada.

Todos admiración

Todos benevolencia

hacia mi pobre cuerpo adormecido

que tan solo miraba

al pajarillo fiel.

No hubiera querido nacer

demasiada concesión en mi entrega.

Madre me acaricia

La comadre perfuma

y al fin silencio

junto al jarrón de flores en clara bienvenida.

Ahora el tiempo ya es tiempo

y mi dolor dolor,

Tambien la melodía de la materia oscura

se mantiene a mi lado.

Manifestando alma.

¿Qué he de hacer?

Ya soy yo con un nombre

Sin saber ni destino

en pleno de caricias.

Madre busca mis dudas, puede al fin suplicar.

IX.-

La llegada de la pluma maldita,

calló la soberbia del mar,

y nuestro entorno

inició invocaciones.

Los campos arcanos

cerraron sus flores in eternum

y las nubes huyeron con su lluvia.

Era un momento de terror

para dar entrada a los muertos

que vivian en árboles secos.

Abrí mi ventana

y pensé en el ensueño

Abrí mi cerebro

y la esencia de sabio comenzó a brotar

Tambien la llamada del padre

y los crisantemos

y los juegos de infancia

saltando en baldosines numerados

Y el pato Donald.

Todo asi, de esta forma, de esta manera

en estas proporciones

y deseos

y nauseas

y en presencia sentida de honor...

Mi cuerpo permanece

en el todo de entrega

Pues así se ha creado esta leyenda

de presencia y honor

con los labios cerrados

en ensueño

de permanencia.

Nunca será certeza pero digo...

X.-

Oscura tu voz

cuando llegas al final del tunel.

La luz no te acompaña como siervo

y tus mandibulas claman en otro Polo

Tal vez la tierra gire con más lentitud

y tengas esperanzas, para volver al tiempo.

Mientras tanto

diluyes

buscas asideros

y mientes ,mientes, como rictus

pero nadie atiende tu importunio

estás solo

y el remedio es el yunque

asumir en sus golpes la leyenda y el temple.

No sabes ya del tiempo.

¡Pasaron tantas cosas en el mientras!

Tantas risas de rimel dejaron la leyenda

Tu nombre es el olvido

y admirado que fuiste ,

no lo sabes

y copio tus poemas

con los hielos del odio

para que no repitas prepotencias.

Poeta

busco en el épitafio de tu mármol.

Pero no hallo respuestas

solo viento

y un crugido de yunque

en la semilla pura de trigales.

Eres surco quizá

y la espera es tu turno

pero no tienes cuerpo ni aleluyas.

Tan solo una presencia

que muere en los finales de este párrafo.

Clama a la cera

y busca su misterio entre la llama

Hay un allí preciso y venerado

pero no queda tiempo...

XI.-

Nunca las lagrimas redimen

y menos en tiempos de ruptura.

Tampoco el jardín acepta ministerios

ni bondades.

Admite tu ventana

para saber requiebros de nobleza

corona en las espinas

y voces de dolor.

También

admite flores y gestos de nobleza

entre las aguas

que vierte la mañana.

Y admite tu mirada como un siempre del sublime engaño

donde los Agapornis

que viven de tu cuerpo

cantan

cantan

y lloran

y dejan en tu hombro su miseria

cuando ven libertad.

No puedo pronuciar

Soy muy feliz

ni tampoco desgracias ni adulterios.

Soy un posible mundo paralelo

que ha llegado a saber

o no sabemos

si en el saber existe lo que digo

o tal vez me ilusiono

con el ser

en gesto de semilla

que añora su lecho entre los surcos

para volver a ser entre los tiempos.

XII.-

No salgo,tengo miedo del aire

y su color dominio.

Tiemblo ante margaritas y sus dueños

y mi sudor detiene mi andadura

en la piedra de angustias.

A lo lejos el sauce

como montaña en su eterno de espera

A lo lejos el brillo del perdón..

Pero el plomo esconde la sentencia entre las hojas

y el bosque no mantiene.

¿Cómo ha llegado mi lágrima a este arrullo¿

¿Por qué lo llamo arrullo si es miseria?

Mi voluntad se ha perdido

en noches de lujuria

y no hay credo

y transplante que sirva a mis deseos.

Creo que soy un monstruo

que solo retrocede ante el diamante

y busca una Corona

que le eleve de gentes moribundas.

Tal vez la hormiga sepa de la ayuda
o la danza de abejas
o la cera de nuevo
o la savia del roble y las encinas.
El campo para ti como una enseña
duermiendo en paralelo
dulce cuerpo
hata llegar al beso de ladera
y pronunciar el grito de perdón.
Mientras los compañeros lavan tus llagas
con la mirra e incienso
que robaron de esa cuna
donde dicen naciste para todos.

Nada es verdad
todo vive entre el plomo.

Y en la herida

al fin de la batalla

Hemos muerto de honor.

Queda sentencia firme y verdadera,en mi final de rito.

XIII.-

En tu dolor constancia

y en tu sonrisa entrega.

Has sembrado los prados de azucenas

y sus flores giran besando al viento

y gritando tu nombre.

Eres hijo del Todo

y el Todo te proteje

en infinitos lares de su esencia.

Alli puedes cantar

y eres benevolencia en tu decir.

Vive contento amado

eleva tus manos hasta la nube

y espera su mensaje.

En tu unidad, la espera no se atreve

ni el laberinto acude en sus consignas.

¿Libre?

No me a trevo a sonar y no conozco.

Mejor en melodía

y en misterio.

XIV.-

Hay Paz,

Pregón muy definido y cauto

y sonrisas de adviento.

Los giros son dimensionados

y los sabios

han llegado a la cueva temrosos.

No cabe más bondad

y el acierto de tiza y encerado

es burlado en las músicas.

Hemos herido al tiempo del engaño

y la palabra va perdiendo letras

entre gestos de orgullo.

No es necesario llorar

los sentimientos

y el mar tampoco dicta.

Ha llegado un honor

plegado junto al faro

que detiene la insidia.

En día X

de una hora X

y un año X.

Yo mismo estoy en X

de la esquina

en espera de un juicio

hacia mis letras.

Quisiera definirme
para vivir placer
paro es señuelo que te obliga a renuncia

¿He podido llegar al sentimiento?

Nada puedo decir en la palabra
Tan solo la caricia es definida
y la pluma que vuela con mi nombre
camino de la Escala.

XV.-

Mezclado con el odio,
el animal relincha de dolor.
Su lamento se pierde en un lejos
y sobre las turbas de un mercado
que no lo identifican

ni preocupa.

Hoy día de oferta:

oro-incienso-mirra

y una estrella bordada

en el orgullo de seda

del Señor de Todos,

que altanero

recita versos de Parmenides

y por su gesto

bien se ve que no entiende

ni en suspiros

por más que maganifica su vocal.

Y así somos

pasos impersonales-vanidad

sobre una bola impropia

que surgió-no se sabe

por mas gestos de igutur

perdida en los espacios

mota que fué de arena

aunque el prado si acude

a ser magnificencia

en su deber de un siempre.

He de repetir para respeto

el oro en la palabra

incienso para las fases Tántricas.

Y mirrra de adoración

al Verdadero

que en su cuna sonríe en dulce espera.

XVI.-

Grito y miseria

heridas y perdón

pausas y silencio

festejos y aleluyas

Así camina la virtud

cuando el honor no puede.

XVII.-.

Por mas promeses de empatía.

Nuestro decir no llega.

Y el pétalo no acepta.

XVIII.-

He buscado mi ruta

Allí me escondo

Esperando tu mano

en saber de los dioses

XIX.-

Mis faltas son del Cosmos.

Y llego de rodillas en dolor

junto a la cruz de espera.

XX

Pausa,.

La luz se ha enemistado con el Sol

y busca un acomodo .

Nada y todo detienen,

Las calles en su paralelo

retienen las esquinas

con los brazos en cruz

y sonrisa en miseria.

Han odiado al mendigo

que llora

sin espera,

Hay un silencio oscuro

y el ciudadano

sigue las consignas sin voz.

tan solo en el braceo

es posible advertir

su programado aliento.

El mar se entrega

en isla de bondades

y no deja sendero .

El llanto es plenitud

cuando el hombre apercibe

pero nadie deja su nota de misería

ni hay miradas de amor.

Solo el subsuelo

donde los minusvalidos

han querido volver hacia su nada

ofrece melodía

Paro

junto al rascacielos de mi mente

y busco mis ardillas de azotea

para llorar en ellas.

Soy un débil de arterias

consentido de infancias

perdido de misterios.

No sé si todo es sueño

o es mi mentira siempre

si así clamo.

Si sé que no es dolor

y soy el mismo

que esta mañana en plenos

dijo adios a este cieno

y he de seguir

en burlas

hasta encontrar camino.

XXI.-

El suelo ha quebrado sus pasos

y las manos se pasean por el fuego

pensando en su futuro.

No hay oración

ni monjes

flagelándose

en los claustros.

Algunos niños se burlan

de las estatuas

y un viejo moribundo

les amenaza en gritos

La fiesta sigue

y

nadie se promete.

Quiero salir de estas miserias

y en dos cuadras

llego a los grande almacenes

y un gorro de invierno me reclama.

El altavoz ofrece

a los clientes

calor de sus conciencias

y un perdón de pecados

si compras la camisa venerada..

No quiero

mas conciencias en dolor

y compro el New York Times

donde busco reseña de mi libro "Bad news"

firmado por mi amigo Rod Sitzar

una noche de jazz y de verbenas.

Luego en la Gran Central

suelo tomar un tren hasta New Haven

hasta mi soledad Vernon Street

donde naci de nuevo a claros ritos.

En una plenitud

que ignora el tiempo y se mantiene,

y ahora ,ya en mi pecado

he perdido la ruta

y el pensamiento flota en un sendero

sin saber hacia donde

si a mi Tormes de río

o a locura benévola.

XXII.-

No he de dividir el tiempo.

Las horas desaparecen

en mis meditaciones

y puedo sentirme ciudadano

viajero de una totalidad

que me adopta
da nombre
profesión
calculadas sonrisas
llagas cuando el tiempo
y placeres callados
en solemnidad.

Los círculos
al fin se cierran
y el Laberinto
comienza sus giros
y Ariadna canta para enaltecer.
Y me entrega consignas.
No sé si puedo complacer
aceptar

o silencios.

Mis células

están sujetas

a un ritmo inesperado

que a nada me conduce

por más ruegos,

Pero hay una cualidad

hablamos

fuera del laberinto

y el proyecto en inicios.

Soy más libre

y menos en codicia y en lujuria

Me venero a mi mismo

complemento de orgullo en otra escala

pues en mi fortaleza

no caben vanidades

Digo que si a Ariadna

que me abraza mélodica

y en su hacer desvanece.

Ahora me siento alma

y la huida no contemplo

He de sonreir

sentir el privilegio

de cumplir

en ayuda

con mis sinfonías

la quietud

de mis gentes que mueren en silencios

y no han dejado ramas

con su nombre.

Todo ha de renacer

nada de lo presente es un reuerdo

ni un muro de lamentos.

Hemos

de llegar todos

a la escala invisible

donde esperan amigos

que se fueron

y cantan melodía de entrega.

XXIII.-

Como una tela que marca el silencio

así mi techo de honores

donde vierto mis dudas

y me oculta del Sol.

A un lado los nidos con sus crias

anuncian la mañana.

Pero nada me dicen los colores o dudas

tan solo la hierba

comprende el desafuero de mi vida
y en ella mi reposo.

Hoy continua soledad
y no veo ritos ni misericordias
ni marinero
crucen mis aguas en la tempestad.
El brillo muere
en la mirada
y ya no busco
ni clamo
ni se nombres de nadie
en esta anomia
quiza logro una paz
que se mantiene mientras mis ojos claman
la llegada del aguila que busca
mis pensamientos rotos

Asi mi vida.

En la montaña una luz crece y se cerca

con el nombre de mis muertos

que anuncian su llegada

para fortalecer.

He vuelto a mi cabaña

y con mi gran toga

les anuncio mi espera

La luz baja lentamente

y crece

como en el gran suspiro

la gran devoción

hasta cubrir el cielo

y ser cielo a su vez.

Hay integración

y ritmo silencioso

que deja mi palabra en abandono

y mi alma en el lugar preciso.

Al fin la partitura

es inconclusa.

XXIV.-

Todo gira y mantiene

en manos inconclusas

una verdad callada que quiere dominarnos.

He vuelto a la ciudad

para buscar antidotos de lucha

y perfumes apócrifos.

La batalla está cerca

y quiere dominarnos

todos pertenecemos como víctimas

y pido cerrar circulo

con un mantra sagrado.

Donde todos cantemos el ritmo de la entrega.

Así nos pronunciamos

hasta la noche

y en esta voluntad de sacrificio

el enmigo huye buscando otros poblados.

Es asi la oración

y asi me entrego

Abrazos desde el viento

y un seguir el ensueño.

Que nunca lo supimos

ni dolores ni llagas.

XXV.-

Toda tu voz

esta llenando el mundo de promesas.

El barco, teme y busca su salida

pensando en la batalla.

Nunca pudo llegar a la promesa

de los fondos marinos.

Pidió en mi las ayudas

y los amarres

pero mi cuerpo enfermo ya no pudo.

Solo bajar con ellos

y dictarle los nombres de los peces

Luego volví hasta el puerto

y espere largos dias

sentado en la bocada.

Pero la maldición me echo de alli.

Ahora vago por ciudades inconclusas

y busco a sabios que puedan redimir

el infortunio.

Pero no se que he hecho

ni el mal me identifica como suyo.

Tan solo la bondad es mi remedio

y acudo a ti de nuevo

que en tu voz se concentran los poderes

Hazme saber de nuevo

de tu esencia

para curar mis llagas

o he de morir de mar en desespero

y duda.

XXVI.-

Madre de amor

sueño de eternos

en tus manos llegue

con mi congoja

y ahora te has alejado

y mi cuerpo no puede

en la batalla.

Solo tengo leyendas

y sonrisas de nadie.

No se andar

ni mover reverencia.

Has de volver a mi

y brindarme

en honores

la puerta de tu claustro

donde el mar

se concentra

con mi nombre

esperando mi vuelta

de alborada.

XXVII.-

Acaso tú,

en el remedio de los mundos

puedas prestar tu sangre

a los mendigos

que duermen

en su final de ciclo.

Hay que salvar a todos

ellos llevan en las arrugas de sus manos

y cerca de su corazón

el mensaje de eterno

que hay que interpretar

para continuar en la escritura.

Ellos no piden nada

has de buscar bajo los puentes

del Bronx

e incluso en Salamanca

a los que duermen

sin cubrirse de ensueños

pues ni esto le es posible.

Con suavidad déjale sobre los labios

la gota de tu sangre

y unas palabras de llegada.

Luego vuelve hacia mi

y en mismo tono

tus labios en los mios

como ofrenda de siempre.

Fuiste elegida por el dios amigo

llevas la paz

en tu divina entraña

y siempre en alabanza

tu ramo de laurel .

Te deseo,

desde el árbol que soy

las venturas del bosque

en ramas de solemne obertura

que guardo

para los elegidos

por la Naturaleza

para clamar su amor en el silencio.

XXVIII.-

Sin saber

sigo el camino que me marcan

mis genes

con normas de llegada.

Nada puedo obligar

y todos saludamos a las torres

como si fueran nuestras

o al buque de recreo que nos llama.

A pesar de estos condicionantes

mi hierro

no se oxida

ni sirve para ritos,

es solo voluntad inesperada

y un dulzor del ensueño

que me hace sonreir.

He brindado las flores de mi cuerpo
y pactado en el bosque
un pleno luz-entrega,

y en Gaudeamus Igitur
se abren las puertas de mi cuerpo
para sellar en siempre
un eterno homenaje
y una unión
sabiduría-natura.

XXIX.-

Acaso los gritos de dolor
sean mensaje en plenitud de la batalla.
Los pájaros redimen con su vuelo
y mi canción no entona.

Estoy en sin saber

sobre la claraboya

o bóveda de Infierno

que esconde sus calderas y sus llamas.

En estos pensamientos

me siento en un café y tomo varios

como droga admirada

por su entrega.

No sé como decir de mi fracaso

nada de mis recuerdos

tranquiliza.

Debería suicidarme

pero solo es mi pose ante las gentes

que mal o bien me ayudan

con limosnas

o un si de ministerio.

No quiero compasiones

ni mendrugos de pan

llenos de babas

estoy mostrando manos

para que asi podais entendimiento.

Nacimos para esto

y hay que dormir en puentes y misterios

y nada poseer,

ni libros del amor

ni los salmos de dioses

No tengo fuerzas

para despedirme

y vuelvo al suelo

para dormir en oración

de espera.

XXX.-

Sobre la celosía
y en recuerdo embarrado
oculto mi decir.

He llegado solo a este aposento
donde el pintor no clama.
Ha dejado su sello en un Gran Dios
y en pinturas profanas que se pueden clamar
en desafuero
desde los horizontes más lejanos.

He de volver a mi
afinar mi violín Stradibarius
y callar a las gentes
que cuidan sus verduras en la Plaza
sin reparar mi sueño.

Perdido de ignoracias.Sobre el buque crucero

vuelvo a la melodía de las olas

que tampoco reparan.

Este ensueño es molesto

y mi cabeza duele de dolor-presagio.

¿Qué puedo redimir?

¿Dónde mis fundamentos y deseos?

No hay respuestas

solo un niño se para haciendo burlas

y me pide el violín

que no le entrego

sin dejar mi sonrisa.

Infancia degradada es mi sentencia

y sin más arrozales de por medio

comienzo mi carrera

hasta los núcleos frios,

donde el tiempo se para en fundamento

y puedo mantener

mi independencia

cantando soledad en plenos

en la terraza del dolor.

Ya se que mis vecinos no comprenden

que quiera enaltecer,

Mi lenguaje

es cilíndrico

y no admite preguntas

solo la voluntad callada.

No quiero mas molestias ni perdones

y guardo mi violín

bajo la almohada

para en un renacer

volver a Brahams

y a su concierto eterno

que interpretaba en Yale de New Haven

cuando me gradué de eterno en musica

y pleno en frustraciones.

Por ahora es mi lamento

y no más lágrimas.

XXXI.-

Reza mi encuentro

junto a tí.

Juntemos las almas

a pesar de la espada

que nos busca.

Dos almas

es verdadero Dios

y a ello aspiramos

y tenemos altar

limpio

de engaños

y en silencios de entrega.

No reina la palabra

ni idioma extraño .nos domina.

Plenos-en plenitud

llenos-en fundamentos

limpios-en la llegada

el sentimiento es ruta

por si se busca entrega.

Seguimos en silencio

nuestra canción lo quiso.

Pero en el Claustro-rito

esta nuestro arbotante

y contrafuerte

pensando siempre en ti

si es que nos buscas.

XXXII.-

Bendita la bondad

que se mantiene

al lado del sendero.

Benditos sean los bosques

que brindan acogida

para entregar la tarde

de alameda.

Benditas aguas

que viven el riachuelo

y saltan la alegría de las piedras.

para vivir color,

Benditos todos

familia de mi sangre

cercanos en la noche y el ensueño.

Benditos los que huyen

de vivir oropeles

y conservan sus túnicas

sin manchas ni requiebros

para llegar a Luz.

Barcelona-2018

Ignacio Bellido.

UN FINAL DE DESEO

Sobre Gaudí y su familia Sagrada,lleno mis dudas de bondad

y en ellas me recreo buscando al genio y su legado,

acaso universal, sin duda, y también fortaleza en su presencia.

He rezado en su templo y he clamado en su nombre, llegando en La Pedrera a delirios de amor. También su parque fue morada de versos y recuerdos para poder retroceder en tiempo.

Vivo muy junto a él y a buen seguro conoce de mi nombre la ilusión y el deseo de un mejor en abrazo.

I:B.V.

www.ingramcontent.com/pod-product-compliance
Ingram Content Group UK Ltd.
Pitfield, Milton Keynes, MK11 3LW, UK
UKHW041915190726
13854UKWH00003B/1259